AF338873

NOTICE

CHRONOLOGICO-HISTORIQUE

SUR

L'ABBAYE DE SAINT-RUF

DE VALENCE

PAR

M. J. BRUN-DURAND

Membre de la Société d'Archéologie et de Statistique
de la Drôme, etc.

A LYON

Chez Auguste BRUN, libraire, rue du Plat,

A l'enseigne de la Providence.

1869

VALENCE, IMPRIMERIE DE CHENEVIER ET CHAVET.

SAINT-RUF.

Abbatia Sancti Ruphi propè Valentiam.

Cette abbaye, chef d'ordre d'une importante congrégation de chanoines réguliers, doit ses commencements à quatre chanoines de la cathédrale d'Avignon : Ramalde, Odilon, Ponce et Durand, qui, désireux de pratiquer plus étroitement la règle de saint Augustin, se retirèrent auprès de l'église de Saint-Just, hors les murs, que l'évêque et le chapitre de cette ville leur abandonnèrent, avec tous ses droits, le 1er janvier 1039. Rapidement accru, grâce à la réputation de sainteté de ses habitants, le nouveau monastère, placé dès l'origine sous le vocable de Saint-Ruf, à cause des reliques qui y ont reposé jusqu'en 1590, époque à laquelle le cardinal d'Armagnac les fit transporter à Notre-Dame des Doms, fut bientôt élevé au rang d'abbaye et l'institut érigé en congrégation par le pape Urbain II, vers 1095 environ ; époque à laquelle une foule de prieurés et d'églises, non-seulement en France, mais encore en Espagne, en Italie et en Afrique, étaient déjà dans sa dépendance.

Cette première abbaye ayant été ruinée par les Albigeois, en 1156, l'abbé Raymond en transporta le siége, deux ans après, dans l'île Esparvière, auprès de Valence, avec l'agrément d'Odon de Chaponay, évêque de cette ville, et de son chapitre, qui lui cédèrent ce territoire moyennant 200 marcs d'argent ; et de là encore les chanoines de Saint-Ruf furent chassés, cette fois par les Calvinistes, qui incendièrent le couvent en 1562. Ceux-là se réfugièrent alors à l'intérieur de la ville, dans le prieuré de Saint-Jacques, l'un de leurs principaux bénéfices, que les Huguenots incendièrent également en 1569, d'où s'ensuivirent trente années de provisoire, après lesquelles l'abbé et les chanoines, ayant obtenu à cet effet des lettres patentes d'Henri IV (1600), firent construire sur l'emplacement de ce même prieuré de Saint-Jacques, dont la mense avait été unie à l'abbaye, les vastes bâtiments qui servent aujourd'hui de préfecture et de temple protestant. Ce troisième établissement fut le dernier.

De graves abus ayant donné lieu au rétablissement de la conventualité, en 1741, cette mesure donna lieu à de telles contestations entre les membres de l'abbaye, que quelques-uns, pour y échapper, provoquèrent, par d'incessantes réclamations, une bulle, du 1er juillet 1771, par laquelle le pape Clément XIV prononçait la suppression de l'ordre, la sécularisation de ses membres et leur incorporation dans l'ordre religieux et militaire de Notre-Dame du Mont-Carmel. Instruite de cela, l'assemblée générale du clergé de France réclama auprès du souverain pontife, qui, se rendant à son désir, fulmina, en février 1773, une seconde bulle annulant et révoquant l'union prononcée, et autorisa les évêques à éteindre au fur et à mesure des décès des titulaires les bénéfices de la congrégation de Saint-Ruf situés dans leurs diocèses, pour leurs biens être employés de la manière la plus profitable pour l'Église et pour l'État, exceptant seulement de cette mesure les prieurés de la Côte-Saint-André, de Notre-Dame de la Boisse, de Chagny et d'Annonay, dont la collation était réservée au roi de France, qui, le 12 juin suivant, ordonna par lettres patentes l'exécution du contenu de la bulle. En conséquence, le 12 août 1774, Fiacre-François de Grave, évêque de Valence et commissaire apostolique, prononça la sécularisation et l'extinction de tous les bénéfices de l'ordre, sous la réserve des droits des titulaires, qui devaient en jouir comme par le passé, leur vie durant [1].

La liste des abbés et supérieurs généraux de Saint-Ruf a été donnée par Chorier, dans son *État politique*, et par Guy Allard,

---

[1] *Mémoire concernant l'abbaye de Saint-Ruf*, publié par l'abbé Chevalier. — *Repertorium Sancti Ruffi*. — *Inv. des Archives de la Drôme.* p. 237. — *Recueil des édits.* XXVI, 3 et 25, etc.

dans son Dictionnaire ; mais l'une et l'autre sont inexactes. Infiniment supérieure, celle du *Gallia* comporte néanmoins diverses rectifications, quelques noms ayant été omis et d'autres inscrits mal à propos ; tandis que la durée du gouvernement de bon nombre d'autres est modifiée par l'examen attentif des nombreux documents que renferment les Archives de la Drôme.

1039. — Kamalde, le premier d'entre les fondateurs, ne porta pas le titre d'abbé [1].

Ponce I, dont le pape Callixte II rappelle le souvenir dans une lettre adressée, le 28 avril 1623, à l'abbé Ponce II [2].

Arnoul, qui fut ensuite archevêque de Lyon, et qui, suivant une tradition rapportée par Catellan, introduisit la règle de saint Augustin dans le monastère de Saint-Ruf, ce qui est une invraisemblance, les chanoines d'Avignon étant déjà soumis à cette règle qu'ils ont suivie jusqu'en 1485 [3].

1083-1096. — Arbert, que les mémoires de l'abbé Chomel font succéder à Arnoul, en 1083, reçut, en 1084, de Bernard, comte de Bizauldun, en Espagne, l'église de Sainte-Marie de Bizauldun, au diocèse de Girone, et, le 18 septembre 1096, obtint du pape Urbain II une bulle par laquelle ce pontife, attendu les fruits abondants produits en tant de contrées par le genre de vie adopté par ses chanoines, les érigea en congrégation [4].

1100-1110. — Letbert, chanoine séculier de Lille, abbé de Saint-Ruf dès 1100, reçut, en 1110, de Léger, évêque de Viviers, l'église de Bourg-Saint-Andéol, et dans le même temps de saint Ismidon, évêque de Die, celles de Taulignan. Cet abbé a donné lieu à une intéressante notice littéraire et bibliographique de M. l'abbé Chevalier [5].

1111-1116. — Oldegarius, Odelgarius, Ollegarius ou Odo-

---

(1) Catellan, 308.
(2) *Id.*
(3) *Id.*
(4) *Repert.*, 62, 290, 93.
(5) *Id.*, 85.

xÉRIUS, à la prière de qui Raymond Berenger, comte de Barcelonne, confirma, le 23 novembre 1111, la donation précédemment faite à son ordre de l'église de Bizauldun, obtint, le 11 janvier 1115, du pape Pascal II, une bulle confirmative des droits, priviléges et possessions de Saint-Ruf, et parmi celles-ci nous voyons mentionnées les églises de Mévouillon et d'Albagnonet [1], ainsi que celle de Saint-Ruf, près Tripoli de Barbarie, laquelle avait été donnée par le comte Raymond de Barcelonne [2].

1123-1125. — PONCE II, à la prière de qui le pape Callixte II confirma la donation qu'il avait faite étant archevêque de Vienne aux chanoines de Saint-Ruf du prieuré de Saint-Martin de Vienne, avec toutes ses dépendances [3], donation qui fut renouvelée deux ans après par l'archevêque Pierre I [4].

A cet abbé Chorier et Catellan donnent pour successeur, en 1121, ce qui est une première erreur, Conrad de Subura, neveu du pape Honorius III, cardinal en 1126, puis pape lui-même en 1153, sous le nom d'Anastase IV, et cette opinion, que ne partage pas M. Hauréau, est encore celle de Platina [5], qui place l'abbaye de Saint-Ruf dans le diocèse de Velletri.

1127. — SÉVÈRE, du temps de qui saint Étienne, évêque de Die, renouvela et maintint la donation des églises de Chalancon, Volvent, Taulignan et Arnayon [6], avec leurs dépendances, faite par les bienheureux Hugues et Ismidon, ses prédécesseurs [7].

1129-1133. — GUILLAUME I, reçut, en 1129, de Ponce, évêque

---

(1) Mévouillon, canton de Séderon ; Albagnonet, commune de Rochegude (Drôme).

(2) *Repert.*, 305. — CATELLAN, 310.

(3) Les dépendances du prieuré de Saint-Martin de Vienne étaient les paroisses de Saint-Alban, de Serezin et de Vermelles (Isère). Collombet dit que ce prieuré fut donné à l'ordre de Saint-Ruf en 1113 ; mais ce doit être une erreur, car il n'en est pas question dans la bulle du pape Pascal II, en date de 1115.

(4) *Repert.*, 62. — CHARVET, 334.

(5) PLATINA, *De vitis pontificum romanorum.* Cologne, 1600, in-4°, p. 201.

(6) Chalancon, Arnayon et Volvent, canton de la Motte-Chalancon, et Taulignan, canton de Grignan (Drôme).

(7) *Repert.*, 86.

de Belley, les églises d'Ordenas, de Chimilin, de Corbelin, de Romagnieu, de Saint-Symphorien (la Bâtie-Montgascon), et de *Colonica*, avec les chapelles de Faverge et de Saint-André [1], à quoi Boson de Brior ajouta, quatre ans après, diverses terres sises à Ordenas [2].

Environ 1147. — N..., à qui le pape Eugène III adressa, le 28 janvier 1145-1150, une bulle confirmant la sentence rendue par l'archevêque de Lyon, Amédée, légat apostolique, sur les différends de l'église de Viviers avec l'ordre de Saint-Ruf, et maintenant à celui-ci la possession de l'église de Bourg-Saint-Andéol [3], [4].

Cette initiale conviendrait parfaitement à Nicolas Brakespeare, qui fut pape sous le nom d'Adrien IV, et que plusieurs historiens disent avoir été abbé de Saint-Ruf; mais à l'encontre de cette opinion, nous avons le passage suivant d'une bulle adressée par ce pontife à l'ordre de Saint-Ruf : *Licet ex injuncta nobis a domino apostolatus officio, debeamus omnibus ecclesiis providere, pro illis tamen præcipuè oportet nos esse sollicitos quibus speciali vinculo caritatis sumus adstricti, quatenus et nos videamus exsequi quod debemus et quæ nobis mater extitit honestatis et in religione studuit attentim informare, patris beneficium sentiat illius qui olim filius vocabatur.* Parlerait-il ainsi, s'il avait été autre chose que simple religieux dans cet ordre [5] ?

1151. — GEOFFROY, élu cette année-là évêque de Tortose.

1153-1155. — DURAND, reçut, le 23 avril 1154, du pape Anastase IV une bulle par laquelle cet ancien chanoine de Saint-Ruf met sous la protection spéciale du Saint-Siége l'ordre et l'abbaye, dont il confirme les droits sur diverses églises, notamment celle de Saint-Jacques de Valence [6].

---

(1) Ordenas (Ain), Chimilin, Corbelin, Romagnieu, la Bâtie-Montgascon et Saint-André-le-Gaz, canton de Pont-de-Beauvoisin; Faverges, canton de la Tour-du-Pin (Isère).

(2) *Repert.*, 89.

(3) Bourg-Saint-Andéol (Ardèche).

(4) *Repert.*, 86.

(5) *Id.*, 303.

(6) *Id.*, 77.

1158-1172. — RAYMOND, qui fit l'acquisition de l'île Esparvière et y transféra l'abbaye; obtint, le 24 juillet 1159, d'Alexandre III, le droit de donner la tonsure à ses chanoines, et le 17 août suivant, de Bernard, évêque de Saintes, la cession de l'église de Saint-Nicolas-de-Mornac. Cet abbé est encore connu par la donation que lui fit, le 19 août 1172, d'une terre et de vignes situées au quartier de Faventines, Durand, de Romans, dont la femme était converse de Saint-Ruf [1].

1178-1184. — GUILLAUME II, appelé Willelmo Arbert dans une charte du cartulaire de Léoncel, reçut, en 1178, de Guillaume de Clérieu, abbé de Saint-Félix, la donation de deux vignes, et transigea, six ans après, avec l'abbesse de Soyons au sujet de leurs droits sur l'île de Soyons [2].

1185. — AYMON, qui, ayant acquis deux vignes voisines de l'enclos épiscopal, obtint le consentement de l'évêque [3].

1186. — PIERRE I, reçut de Roger, seigneur de Clérieu, la manse de Cortellas à Livron et le droit de pasquerage dans toutes les terres de sa seigneurie de La Voulte, le tout du consentement de Lambert, évêque de Valence, et de l'abbé de Saint-Félix, Guillaume de Clérieu [4].

1190*. — *Arnaud I*, présent à un échange que firent entre eux Guillaume de Chaudieu et son frère [5].

1192*. — *Pierre II*, entre les mains de qui les chanoines de la cathédrale du Puy se départirent de tous leurs droits sur les églises de Sainte-Marie et de Saint-André de Crest, et de Saint-Domnin de Grane [6].

1197-1205. — FALQUES ou FALCON I, qui reçut, en 1197, l'hommage de Gaucelin de Naves pour les châteaux de Naves, de Malbosc et de Beaumes, inféodés à son frère par l'abbé Guillaume II, est également mentionné dans une charte de l'an

---

(1) CATELLAN, 304. — *Repert.*, 91, 81, 387.
(2) *Repert.*, 387.
(3) *Id.*, 387.
(4) *Id.*, 388.
(5) *Id.*, 384.
(6) *Id.*, 88.

1201, par laquelle Aimar de Poitiers, *par la grâce de Dieu*, comte de Valentinois, et son frère Guillaume, chanoine de Saint-Ruf, donnent à ladite abbaye, pour le repos de leurs âmes, droit de pâturage dans toutes leurs terres. Trois ans après, il fit un échange avec Guillaume de Rochefort, chevalier de l'ordre du Temple et commandeur de Valence, et vivait encore en 1205, époque à laquelle le comte de Valentinois lui donna l'exemption de tous péages et octrois dans ses terres[1].

L'an 1206, le pape Innocent III adressa à l'abbé de Saint-Ruf, qui n'est pas dénommé, et à ses chanoines une bulle confirmative de leurs priviléges et droits, dans laquelle figurent comme dépendances de l'ordre, outre les églises et prieurés dont il a déjà été question, ceux de Notre-Dame de l'Ile, près Vienne, de Vilieu, de Loze, de Flavières, de la Côte-Saint-André, de Paladru, d'Annonay, de Peyraud, de Saint-Pierre de Die, de Saint-Pierre de Valdrôme, de Notre-Dame de Clelles[2], etc.[3]

1207[*]-1212[*]. — ARNAUD II, grand prieur de l'abbaye en 1199, accepta, comme abbé, en 1207, la donation que la nommée Jeanne lui fit de son fils Pierre, et, l'an 1210, transigea avec Galdinus, abbé de Saint-Chaffre, au sujet du prieuré de Saint-Victor. Il fut élu évêque de Nîmes en 1212[4].

1212-1221. — FALQUES ou FALCON II, à qui le pape Innocent III adressa une lettre, le 29 avril 1212, transigea, en 1215, avec Joffrey, évêque de Nice, et, six ans après, acheta de Guillaume de Châteaubourg une maison à Étoile, appelée la Motte[5].

1236. — M......, reçut, le 10 octobre, en présence des prieurs

---

(1) *Repert.*, 61, 81, 328, 383. — *Invent.*

(2) La Côte-Saint-André, chef-lieu de canton; Paladru, canton de Saint-Étienne-de-Saint-Geoirs; Clelles, chef-lieu de canton (Isère); Peyraud, Annonay (Ardèche); Valdrôme, canton de la Motte-Chalancon (Drôme).

(3) *Repert.*, 291.

(4) *Cartul. de Die*, 46. — *Repert.*, 386. — *Hist. de Lang.*, v. 285.

(5) *Repert.*, 386.

de Saint-Martin de Vienne et de Notre-Dame de l'Ile, l'hommage de Regordanus de Naves [1].

1244-1253. — GUILLAUME III, au profit de qui Lambert de Turey et sa femme Béatrix se départirent de tous leurs droits sur l'hôpital de Caberac en Albigeois, fut maintenu dans ses droits de juridiction sur le prieuré de Carafaia, en Poitou, par sentence du cardinal-légat Eustache, du 27 février 1253 [2].

1253-1267*. — GUILLAUME IV, prieur de la Boisse, dont l'élection par le chapitre général fut confirmée, le 22 septembre 1258, par le pape Innocent IV, termina, le 18 juillet 1260, les différends qu'il avait avec le prieur d'Etoile, Ponce Matrat [3], relativement aux dîmes du lieu d'Olche, territoire dudit Étoile, et, le 19 novembre 1265, fit un accord avec le prieur de Saint-Victor, touchant les eaux et les moulins de Saunière, enfin approuva, le 26 septembre 1267, une transaction intervenue entre les prieurs d'Aymargues et du Caylard [4].

1268-1272*. — ANTHELME, par la grâce de Dieu, abbé de Saint-Ruf, renouvela et maintint en faveur d'Aymar d'Alixan, chanoine de Valence, un accensement qu'avait fait l'abbé Guillaume, et dont l'acte n'avait pu être dressé par suite de la mort de celui-ci ; puis, avec le consentement du chapitre général, établit une association de prières avec les chanoines d'Oulx [5].

1273*. — Guillaume V. acheta, courant juillet, à Bérard, bailli de Saint-Marcel, une pension de six deniers à laquelle celui-ci avait droit comme héritier de Guigues Saramand, son oncle, et qui pesait sur une terre de Saint-Ruf à Étoile [6].

1274*-1303. — ANTAUD, dont le gouvernement ne laisse pas de place à celui d'un Odon, que le Gallia et Chorier mettent sous la date 1280, accensa, le 6 janvier 1274, une maison à Jean et

---

(1) *Repert.*, 329.
(2) *Id.*, 84, 67.
(3) Le prieuré de Saint-Marcellin d'Étoile dépendait de l'abbaye de Saint-Chaffre.
(4) *Id.*, 75, 101, 242.
(5) *Id.*, 383. — *Cartul. d'Oulx*, 288.
(6) *Id.*, 382.

Ponce Prat, d'Étoile, fit reconnaître par Pierre Sibourg, damoiseau d'Annonay, les droits de l'abbaye sur le domaine de Ponteaz, mandement d'Albon, le 14 décembre 1284, et, les 8 octobre 1288 et 25 décembre 1301, obtint des évêques de Valence Jean et Guillaume la confirmation du droit de pasquerage dans les terres de l'évêché. Il vivait encore le 10 octobre 1303 [1].

1305-1307. — Étienne, nous est connu par divers accensements et d'autres actes du 23 mai 1305 au 15 mai 1307 [2].

1307-1308. — Reginald ou Raynaud, appelé Reginald d'Albon par Chorier, rendit, en 1307, une sentence qui maintenait Aymeric Sollicer, nommé au prieuré de Molleron, diocèse de Poitiers, par le pape Clément VI, contre les prétentions du clerc Artaud, nommé par l'évêque diocésain. L'année suivante, et le 6 des ides de juin, Guillaume de Saint-Médard, prieur de Bonnevaux, en Languedoc, et Lantelme de Naves lui passèrent reconnaissance [3].

1310-1328. — Odon, qui siégeait en novembre 1310 et en juin 1328, reçut du dauphin Jean II le droit de pasquerage dans le mandement de Chabeuil, par acte du 9 mars 1215, et, le 13 février 1322, fit une transaction avec Aymeric de Naves touchant ses droits sur les châteaux de Malbosc, Naves, etc. [4].

1328-1358. — Pierre III, prieur de Saint-Nazaire de Pezenas, confirmé comme abbé de Saint-Ruf par le pape Jean XXII, le 14 décembre 1328, siégeait encore le 29 septembre 1358, jour auquel il fut témoin d'une vente de terres faite par Philippe de Chambaillac, archevêque de Nicosie, que Chorier met, par erreur, au nombre des abbés de Saint-Ruf [5].

1358-1363. — Guillaume VI Hospitis ou de l'Hoste, nommé par le pape Innocent VI, le 5 novembre 1358, fut investi, le 19 janvier 1363, par Reynaud Falavel, châtelain de Chabeuil, de

---

(1) *Repert.*, 82, 83, 97, 383, 388.
(2) *Id.*, 283, 289, 293.
(3) *Id.*, 93, 329.
(4) *Id.*, 75, 97, 330, 384, 396.
(5) *Id.*, 389, 391, etc.

la grange de Pontgion ou de la Buzatte, sur la route de Mont-
vendre, et dépendant du fief delphinal, laquelle il avait acquise
l'année précédente de Louis de Montoison, fils de Pierre et
héritier d'Artaud, son oncle [1], [2].

Tous les historiens de Saint-Ruf donnent pour successeur à
Guillaume Hospitis Anglic de Grimoard de Grizac, frère du
pape Urbain V, fondateur du collége de Saint-Ruf de Mont-
pellier; mais ce personnage, qui était en 1358 prieur de Saint-
Pierre de Die et d'Aymargues en 1376, n'a jamais revêtu la
dignité abbatiale dans l'ordre de Saint-Ruf, dont il fut seulement
un membre considérable par sa position et son influence [3].

1365-1393. — BERTRAND D'OROZE ou D'AUROUZE, abbé de
Notre-Dame d'Entremont, diocèse de Genève, transféré à Saint-
Ruf le 18 septembre 1365, fit, en 1371 (23 septembre), la visite
du prieuré de Saint-Vallier, que le pape Urbain V avait placé
dans sa dépendance en même temps que ceux de Notre-Dame
des Grez et de Notre-Dame de Bonrepos, diocèse de Carpentras,
par bulle du 19 mars 1364; visita le lendemain le prieuré de
Saint-Félix de Valence, dont l'union à l'ordre de Saint-Ruf
date du 29 novembre 1363, et, le 29 août 1383, obtint du pape
Clément VII l'union du prieuré de Saint-Victor à sa mense
abbatiale. C'est à ce même abbé qu'est adressée la bulle de priviléges accordée à l'ordre de Saint-Ruf par l'empereur Charles
IV, en 1392, et confirmée le 12 mars de l'année suivante par
Jacques de Montmaur, gouverneur du Dauphiné [4].

1393-1401. — GUILLAUME VII DE VERGY, ancien archevêque
de Besançon, cardinal, prêtre du titre de Sainte-Cécile, prieur
d'Aymargues et abbé commendataire de Saint-Ruf, étant en
cette dernière qualité tenu de payer chaque année aux chanoines de son abbaye quarante florins d'or, leur abandonna en
échange, par acte du 13 juin 1393, les rentes, cens, décimes

---

(1) Cette grange est aujourd'hui le domaine de Saint-Ruf, traversé par la
route de Valence à Crest par Chabeuil.

(2) *Refert.*, 402 et suiv. — *Gall. Christ.*, 1100.

(3) *Id.*, 246, 383.

(4) *Id.*, 79, 102, 107, 392, 393, 394, 395, etc.

et arrérages que lui devaient les prieurs de Romeyer, Gresse, Volvent, les Pilles, Ordenas, Serrières, Tramolée et Peyraud [1]. C'est par erreur qu'on lui donne un Jean I pour successeur, à la date de 1400, car nous le voyons encore en 1401, étant abbé, arrenter les biens du prieuré d'Aymargues [2].

1403-1410. — GUILLAUME VIII SOLERII OU DU SOLIER, prieur de Saint-Vallier, en 1366-1388, accensa, comme prieur de Saint-Victor, un petit pré à Claude Étienne, le 7 février 1403, fit d'autres accensements en 1406 et 1408, et signa, en 1410, l'inventaire des reliques des SS. Irénée, Épipode et Alexandre, en l'église Saint-Irénée de Lyon [3].

1410-1424. — JEAN I, patriarche d'Antioche, concéda, le 11 mai 1410, certains droits à Gérard de Sotulo, curé d'Étoile et donné de Saint-Ruf; obtint, le 27 janvier 1416, la confirmation des priviléges de l'abbaye par l'empereur Sigismond, et siégeait encore en 1424 [4].

1426-1451. — VITAL JANVIER, autorisa, en 1426, l'union du prieuré de Poissy à l'abbaye d'Entremont, dépendante de Saint-Ruf depuis le XIIIᵉ siècle, et fit, le 8 mai 1437, avec les syndics de la commune de Valence un accord suivant lequel tous les habitants de cette ville se pourraient libérer des rentes par eux dues aux chanoines de Saint-Ruf à raison de 20 florins de capital pour un florin de rente, 10 florins pour deux sétiers de froment, et 5 florins pour un baril de vin. Une reconnaissance du 15 février nous le montre vivant encore en 1451 [5].

1459. — JEAN II, à qui est adressée une bulle du 20 février 1459, par laquelle le pape Pie II confirme les constitutions données à l'ordre de Saint-Ruf par le pape Urbain V, et maintient l'abbé dans le droit d'exiger les pensions qui lui étaient

---

(1) Gresse, canton du Monestier-de-Clermont; Tramolée, canton de Saint-Jean-de-Bournay (Isère); Romeyer, canton de Die; les Pilles, canton de Nyons (Drôme); Serrières (Ardèche).

(2) *Repert.*, 100, 247, etc.

(3) *Id.*, 371, 379. — *Gall. Christ.*

(4) *Id.*, 74, 100, 372, 380, 389.

(5) *Id.*, 101, 107, 248, 352, 353, 371, 374, 395, etc.

dues par les prieurs commendataires pour droits de *mazalis* et autres [1].

1460-1468. — Louis de Poitiers, baron de Serignan [2], évêque de Valence et de Die et prieur de Saint-Ruf d'Avignon, obtint, en 1460, de l'official d'Avignon une sentence qui maintenait son droit de directe sur le château de Vedenes. A partir de l'année suivante jusqu'à sa mort, arrivée le 21 avril 1468, il eut pour vicaire-général, dans l'ordre de Saint-Ruf, Barthélemy de Rue [3].

1468-1472. — Gerard de Bastet de Crussol, archevêque de Tours, patriarche d'Antioche, puis évêque de Valence et de Die, succéda à Louis de Poitiers, le 19 mai 1468, et mourut le 28 août 1472 [4].

1478-1503. — Julien de la Rovère, évêque d'Ostie, cardinal de Saint-Pierre-ès-Liens, grand pénitencier de l'église romaine, légat apostolique dans les comtés de Venaissin, de Valentinois et de Diois, enfin pape, le 1er novembre 1503, sous le nom de Jules II, possédait en commende l'abbaye de Saint-Ruf, dès 1478, époque à laquelle il y avait pour vicaires-généraux Jean Jousserand et Barthélemy de Rue, prieur de Saint-Martin-de-Coussaud [5]. Tous les actes émanés de cet abbé ou de ses représentants ne l'appellent jamais que le cardinal Jullien [6].

1505. — Amanieu d'Albret, frère de Jean, roi de Navarre, cardinal de Saint-Nicolas-a-Carcere, en 1500, administrateur

---

(1) *Repert.*, 65.

(2) Louis de Poitiers, fils de Louis, seigneur, et de Catherine de Giac, prévôt de Valence et abbé de Saint-Ruf, évêque de Valence et de Die, par suite de la résignation de son oncle Jean, en 1448, reçut en 1456, du dauphin Louis XI la terre de Pizançon pour le désistement de ses droits à l'héritage du dernier comte de Valentinois, se trouva aux États de Tours, en 1467, et testa le 27 avril 1468, élisant sa sépulture dans l'église des Cordeliers d'Amboise.

(3) *Repert.*, 133, 395.

(4) *Id.*, 374. — Colombi.

(5) Saint-Martin-de-Coussaud, commune d'Alixan, canton de Bourg-de-Péage (Drôme).

(6) *Repert.*, 73, 77, 138, 371, 395.

des évêchés de Pamiers et de Pampelune, fut, suivant quelques auteurs, Chorier et le continuateur du *Gallia* entre autres qui l'appellent Amédée de Navarre, abbé de Saint-Ruf, mais je n'en ai aucune preuve.

1511. — PIERRE IV COTEREAU, n'est connu que par l'acquisition d'une rente de 15 florins, faite le 6 juillet 1511, et par une reconnaissance sans date que lui firent quelques habitants de Crussol, Saint-Péray et Guilherand [1, 2].

1520-1550. — JEAN III D'ANCEZUNE, prévôt de la cathédrale d'Avignon et de la collégiale de l'Ile en Venaissin, prieur de Pont-Saint-Esprit et de Saint-Vallier, arrenta, par procureur, le 9 mai 1520, à Pierre Balbin, marchand, et, le 4 mars 1552, à Pierre Coste, docteur ès-droits, les biens du prieuré de Saint-Ruf d'Avignon unis à la mense abbatiale, et obtint, le 28 juillet 1550, un arrêt du parlement de Grenoble, maintenant ses droits de juridiction sur les chanoines de Saint-Ruf [3].

1556-1561. — PIERRE DE CENAME, transigea, le 5 mai 1558, avec Philippe de Bussut, sacristain de l'abbaye de Saint-Ruf, nommé au prieuré de Saint-Andéol, au sujet de ses droits sur la dépouille du précédent prieur, Maurice Fulcher [4].

1565-1576. — CHARLES DE GELAS DE LEBERON, neveu de Jean de Montluc, évêque de Valence, à qui il succéda, vendit au seigneur de Montmiral, le 10 mars 1565, divers cens que Saint-Ruf avait à Triors, Romans et autres lieux, et, le 19 septembre 1576, abandonna à Gaspard Rolland, son successeur dans l'abbaye de Saint-Ruf, les droit et action qu'il pouvait avoir sur Pierre Rozel, rentier du prieuré d'Aymargues, par acte signé : Charles de Leberon, *escu* de Valence [5].

1576-1593*. — GASPARD ROLLAND, abbé régulier, qui eut pour vicaire-général Aimar Bergier, plus tard abbé de Saou, n'a

---

(1) Crussol, Guilherand et Saint-Péray (Ardèche).
(2) *Repert.*, 382, 397.
(3) *Id.*, 174, 175.
(4) *Id.*, 114, 247, etc.
(5) *Id.*, 248, 385.

laissé que des actes administratifs sans importance. Le *Gallia* lui donne pour successeur Gabriel de Castaigne, docteur en théologie, et pour lors abbé de Saou ; mais je n'ai pas trouvé de traces de cet abbé dans les papiers de Saint-Ruf, dont l'examen permet au contraire de croire que le successeur immédiat de Gaspard Rolland fut le suivant [1].

1595-1604. — GUILLAUME IX, MANUEL DE LA FAY, docteur en droit, dont l'administration est établie avec preuves depuis le 2 octobre 1595, était mort dès le 8 mai 1604, jour auquel nous voyons le chapitre général de l'ordre présidé par le vicaire-général, *sede vacante* [2].

1605. — JACQUES I, MANUEL DE LA FAY, neveu du précédent, appelé « nouvel abbé » dans une transaction faite, le 7 juillet 1605, avec les habitants d'Aymargues [3], touchant la reconstruction de l'église Sainte-Croix [4].

1609-1671. — GUILLAUME X, MANUEL DE LA FAY, frère du précédent, lui succéda dès le 4 décembre 1609, et mourut en 1671 [5].

1672-1684. — HUMBERT DE VALERNOD [6].

1686-1702. — EDME CAMUS DE LA BATIE, prieur de Mévouillon, vicaire-général de l'ordre dès 1654 [7].

1703-1709. — JOACHIM DE VALERNOD, à qui Fléchier, évêque de Nimes, écrivait en 1701 : « On ne doit pas oublier dans le » diocèse de Nismes l'évesque de vostre maison qui l'a autrefois » sagement et utilement gouverné [8] ».

1711-1720. — MARCELLIN DE ROLLIN, qui obtint, le 17 novembre 1717, du pape Clément VII, l'union du prieuré de Saint-Vallier à sa mense, réserve faite des droits du titulaire, qui mou-

---

(1) *Repert.*, 21, 151, 157, 243. — Arch. de la Drôme, B, 732.
(2) *Id.*, 114, 280.
(3) Aymargues (Gard).
(4) *Id.*, 234.
(5) *Id.*, 123, 178. — Arch. de la Drôme, B, 271.
(6) Arch. de la Drôme, B. 315.
(7) *Id.*, B, 421.
(8) *Repert.*, 181, 182, 192, 266.

rut l'année suivante; donna, le 2 avril 1720, aux prêtres de Notre-Dame-de-la-Garde, près Avignon, la somme de 150 livres, à la charge de célébrer chaque année, à son intention, deux messes, l'une le jour de Saint-Ruf, dans l'église métropolitaine, l'autre le jour de Saint-Marcellin, partout ailleurs [1].

1727. — ANDRÉ DE SERRE [2].

1731-1751°. — PIERRE VI, LOUIS DE CHOMEL, auteur d'une histoire manuscrite de l'ordre de Saint-Ruf, conservée à la bibliothèque impériale, fonds de Fontanieu, mort le 30 avril 1751 [3].

1751°-1761°. — *Claude de Nantes*, qui fit demander par Claude Vignon, aumônier et vicaire-général de l'ordre, la levée des scellés apposés sur les effets de son prédécesseur [4].

1761-1774. — JACQUES II DE TARDIVON, dernier abbé, consentit à l'extinction de l'ordre et à la suppression de l'abbaye, moyennant une rente viagère de 10,000 livres et la conservation des prérogatives d'abbé. Il vivait encore en 1790.

Ajoutons que les principales dépendances de l'abbaye de Saint-Ruf en Dauphiné étaient, outre les prieurés dont il a été question dans cette notice, ceux de Martin-de-Coussaud, à Alixan, de Saint-Jacques de Montelier, de Saint-Michel de Château-double, de l'île Marette, près Anneyron, de Saint-Ruf de Romans, etc., etc. Ses armoiries étaient : *d'azur à trois croissants d'argent posés deux et un, et une étoile d'or en cœur.*

---

(1) *Regert.*, 142, 164, 182, 183, 195. — *Invent. de Saint-Ruf*, etc.
(2) *Invent. de Saint-Ruf.*
(3) *Regert.* — Arch. de la Drôme, B. 534.
(4) *Regert.*